1

Carin Kühne

Gudrun Fischer

Heiß geliebt, oft verdammt, nur selten angenommen

„Ego Jolli"

Herstellung und Verlag: Books on
Demand GmbH, Norderstedt 2008

© 2008 Carin Kühne & Gudrun Fischer
www.rain-bow-network.de

Umschlaggestaltung: Carin Kühne
Innenlayout: Carin Kühne

ISBN-13: 9783837058994

Inhaltsverzeichnis

Vorwort..7

Darf ich vorstellen Ego –JOLLI....................9

JOLLIS-BURG..13

JOLLIS Make-up...17

Wie JOLLI denkt...30

Wie man mit JOLLI nicht umgehen sollte...36

Unter vier Augen und vier Ohren...............43

Die Liebe, JOLLI und du............................49

Schlusswort...57

Das Karussel des Lebens..........................58

Menschsein..60

Vorwort

Der Titel dieses Buches passt wie das berühmte Fäustchen auf's Äuglein.
Denn darum geht es.

Um dieses Fäustchen auf unserem Auge, welches dafür sorgt, dass das Auge zu schwillt,
wir kaum noch was sehen können.
So tappen wir mühsam blinzelnd durch unser Leben.
Wundern uns, dass wir überall anstoßen und dabei jede Menge Porzellan zu Bruch geht.
Fassungslos starren wir auf den Haufen Scherben (wenn wir denn wieder sehen können).
Und über unserem Kopf schwebt ein riesiges Fragezeichen.

Wie ist denn das passiert?
Oft dauert es dann Monate, oder sogar Jahre, bevor wir dahinter kommen, was damals gelaufen ist.

Dieses entzückende Fäustchen heißt JOLLI.
Und Überrumpeln beherrscht JOLLI perfekt.
Lasst uns mal nachsehen, welche Rolle JOLLI in unser aller Leben spielt.

Darf ich vorstellen
Ego –JOLLI

Wusstest du, dass du nie allein bist?
Du hast immer jemanden dabei, der dich
mehr oder weniger dirigiert.
Wobei das Dirigieren nicht elegant, wie
bei einem Orchester geschieht.
O nein, Liebling JOLLI walzt alles nieder
was sich ihm in den Weg stellt.
Es kracht und scheppert dass die Fetzen
fliegen.
Je nach Lust und Laune.
Launenhaftigkeit ist eine der hervor-
stechendsten Eigenschaften von JOLLI.
Darf ich vorstellen – Ego-JOLLI.
Heiß geliebt, oft verdammt, nur selten
angenommen.
Wie oft hast du ins Kissen gebissen,
gebrüllt, getrommelt?
JOLLI war verzweifelt, fühlte sich hilflos
und so was hasst es wie die Pest!
Du hättest nach dem anstrengenden Tag
lieber geschlafen, um wieder einen klaren
Kopf zu bekommen.

Wie oft hast du die Abdrücke deiner Zähne auf der geballten Faust, mit schmerzverzerrtem
Gesicht, glatt zu reiben versucht?
Wenn JOLLI stink-sauer ist, scheut es auch vor Selbst-verstümmelung nicht zurück.
Wie oft hast du deine Zunge malträtiert, weil du wütend warst?
JOLLI ist immer spontan, auch wenn es nachher tierisch weh tut.
Du hättest nur mit den Schultern gezuckt und gedacht, dass Aufregung sich nicht lohnt.
Wie oft hast du innerlich lauthals geflucht?
Nachdem du dich beruhigt hast, fragtest du dich, weshalb eigentlich die ganze Aufregung?
War doch nur eine Lappalie.
Das alles, hattest du JOLLI zu verdanken.
Wie oft, hast du blind vor Zorn, mit der Faust irgendwo drauf gehauen ?
Anschließend musstest du deine Hand 14 Tage schonen.
Auch das hattest du JOLLI zu verdanken.

Dich selbst hat die betreffende Situation nicht sehr beeindruckt.

Wie oft hast du betreten aus der Wäsche geschaut, weil du „ laut" gedacht hast?

JOLLI liebt es, seinen Wirt in Verlegenheit zu bringen.

Du hättest keine Schwierigkeiten, im passenden Moment den Mund zu halten.

Wie oft hast du gemeint dich durch-boxen zu müssen?

Anschließend hast du festgestellt, dass die ganze Sache mit weniger Anstrengung genau so gut geklappt hätte.

Da hatte JOLLI Pause und dein **Bauch** die Chance sich zu melden.

JOLLI liebt anstrengende Sportarten, vor allen Dingen durch-boxen.

Wie oft hast du, wegen einer Sache, ergebnislos herum telefoniert?

Abends, völlig erschöpft, aufgegeben.

Nach einer Alptraum besessenen Nacht, entnervt gesagt: so, jetzt reicht' s.

Ist mir egal, ich warte ab.

Super Entscheidung, **Du** hast endlich auf deinen **Bauch** gehört.

Zwei Tage später löste sich der Knoten von ganz allein.

JOLLI war von der Anstrengung wohl erschlagen, sonst wär' s nicht so glimpflich abgegangen.

JOLLI liebt es, bis zur völligen Erschöpfung zu wursteln, erst dann kommt sein Gefühl,
etwas geleistet zu haben, auf.

JOLLI liebt Stress und Probleme über alles.

Wie oft, wie oft, wie oft? Die Liste ist endlos.

Jeder von uns könnte ganze Romane schreiben.

Vermutlich, wären es die besten Abenteuer-Krimis aller Zeiten! Die Bestseller schlechthin.

Und das weltweit. Denn JOLLI ist weit verbreitet.

Es lebt, oft unerkannt, mit jedem von uns, sein Eigenes Leben.

Und wir leben es mit, wenn wir nicht auf unseren **Bauch** hören.

JOLLIS-BURG

Wir sagen: mein Haus ist meine Burg.
JOLLI sagt: meine Burg seid Ihr
(Menschen).
Ich, als Mensch soll seine Burg sein!? Wo
sitzt es denn?
Im großen Zeh, vom linken Fuß? Oder
vielleicht im Bauch?
Könnte es die Rückfront sein, da drückt' s
manchmal so beim Sitzen?

Wir dürfen JOLLI nicht veräppeln. JOLLI
ist sehr intelligent.
Es hat sich den perfekten Wohnsitz
ausgesucht – unseren Verstand.
Hier ist alles vorhanden, was JOLLI zum
Leben braucht.
Immer die neuesten Informationen.
Und die benötigt JOLLI, um genau jene
Situationen zu basteln, die ihm, die
Überlebensnotwendige
Energie liefern.
Daher geht JOLLI auch immer mit uns,
durch dick und dünn.

Streichelt uns vorne und tritt uns hinten.
Damit wir immer schön in Bewegung
bleiben.
Schokolade und Hosenriemen, so lief es
ewige Zeiten.

Zugegeben, auf diese Weise haben wir
alle, einen unermesslichen Schatz an
Erfahrungen sammeln können.
Erfahrung ist immer gut.
Dafür wurde JOLLI erschaffen, damit wir
viele, viele super Erfahrungen machen
können.

Wie haben wir uns dafür angestrengt! Und
die Meisten von uns tun es immer noch.
Statt den lieben Gott, einen guten Mann
sein zu lassen.
Uns mit einer duftenden Tasse Kaffee in
der Hand, zurück zu lehnen und ruhig zu
werden.
Keine Angst mehr zu haben, in dem
Wissen, dass es für jedes Problem eine
Lösung gibt.

Zum richtigen Zeitpunkt wird sie da sein,
wenn wir daran glauben und davon
überzeugt sind.
Stattdessen tun wir was JOLLI sagt.
JOLLI, das süße Teufelchen, welches sich
in unserem Verstand eingenistet hat.
Ständig neue Eier ausbrütet.
Über ungelegte diskutiert, spekuliert und
dabei wie ein Pfau Rad schlägt, um seine
Wichtigkeit zu unterstreichen.

Wir können, wenn wir wollen, lernen mit
ihm umzugehen.
Mit JOLLI, dem vielseitigen Teufelchen,
welches gleichzeitig lachen und weinen
kann.
Mit JOLLI, dass es liebt, hoffiert zu
werden, sich zu brüsten, zu glänzen.
Ein Angeberlein, im wahrsten Sinne des
Wortes. Entzückend!

Deshalb duldet JOLLI auch keine
Nebenbuhler in seiner Reichweite.
Die macht es glatt breit und wünscht ihnen
dann viel Glück für die Zukunft.
Als ob die, dann noch eine hätten!

Nun ist es Zeit zu erkennen, dass wir uns unbewusst ein Flöhchen, in den Pelz gesetzt haben.

Wem das liebe Tierchen zu hungrig geworden ist, muss wohl anfangen sich genauer damit zu befassen.

JOLLIS Make-up

Wie sieht JOLLI wohl aus?

Guck mal in den Spiegel. Wen siehst Du da?

Dich selbst natürlich....und JOLLI.

Nach außen hin, sieht JOLLI genauso aus wie du.

Völlig klar, denn **Du** bist ja sein Wirt.

Tarnung ist sein Leitsatz und oberstes Gebot.

Man will ja nicht sofort erkannt werden.

Dazu muss man sich gut verstecken.

JOLLI tut' s erfolgreich seid Jahrhunderten.

Perfekt! Wie alles was es tut.

Es ist nicht wichtig wie die Person aussieht, denn an erster Stelle steht die Tarnung.

Nur so kann JOLLI ungehindert seine Spielchen treiben.

Und amüsiert sich dabei königlich, wenn wieder mal zwei Wirte aufeinander losgehen.

Dabei ist es unerheblich, ob mit Worten oder Fäusten.

Hauptsache das Blut spritzt.

Da kommt dann bei JOLLI das Gefühl der Genugtuung auf, und dafür setzt es alles in Brand.

Auch ein vermutlich kleiner Wortwechsel, ist so eine Situation. Natürlich ist JOLLI ein Verwandlungskünstler.

Es kann sein Aussehen, je nach Situation und Laune blitzschnell ändern.

Einfach brillant. Eben grinst es noch über den zweideutigen Witz eines Kollegen.

Leicht verkniffen, blasses Gesicht, warum ihm nicht selbst so ein Witz eingefallen ist.

JOLLI liebt Schlüpfriges aller Art.

Aus der Verlegenheit der Zuhörer kann man so schön Energie tanken.

Im nächsten Augenblick, flüstert es einer vorbei eilenden Kollegin zu, was für schmutzige Witze DER doch immer drauf hat.

Ganz breites Grinsen, rosige Flecken im Gesicht.

Immerhin hat es gerade zwei Fliegen mit einem Schlag erledigt.

Es hat den Kollegen ins Zwielicht gebracht und gleichzeitig sein Eigenes Image aufpoliert.

Zwietracht, ein ganz besonders kostbarer Samen für JOLLI.

Du wärst vermutlich, ohne von dem Gesagten Notiz zu nehmen, großzügig über die Situation hinweg gegangen.

Kommt etwas völlig überraschend, kann es passieren, dass du dich plötzlich mit einer Statue unterhältst.

Regungslos, sehr blasses Gesicht.

Wirklich wie aus Stein gemeißelt.

Klingt der Überraschungseffekt ab, färbt sich das Gesicht puterrot, der Siedepunkt ist erreicht.

Gleich platzt die Bombe.

JOLLI kann sich natürlich auch sehr freuen.

Ohrläppchen-Grinsen so dass man seine schwarzen, spitzen Zähne sieht, leicht verschleierte Augen, rote Flecken im Gesicht.

Reinste Schadenfreude!

Hat Seltenheitswert.

Denn Freude auszudrücken, ist nicht gerade seine Lieblingsbeschäftigung.
Am liebsten tüftelt es neue Streiche aus, das süße, kleine Teufelchen.
Dabei ist es natürlich sehr angestrengt.
Verständlich, denn es muss ja immer alles perfekt sein.
Bei so einer Gelegenheit, süßes Teufelchen tüftelte gerade an einem größeren Streich,kam ich JOLLI auf die Spur.
Völlig überrascht, guckte ich in ein rundes, hellgraues, vor Anstrengung beim Denken, leicht verkniffenes Gesicht.
Es muss sich wahrhaftig in völliger Sicherheit gewiegt haben.
Mir blieb die Spucke weg!
Während der Streich Formen bekam, begann es in meinem Kopf zu klicken.
Der Groschen fiel mit heftigem Getöse auf den Münzhaufen.
Denn ich hatte meine Sprache wieder und … tappte mit beiden Füßen voll ins Fettnäpfchen.

Ach was Fettnäpfchen, es war der größte Fettbottich, den ich in dem Moment erreichen konnte.

Diesmal setzte sogar meine Atmung aus.

Vermutlich war ich sekundenlang klinisch tot. JOLLI hatte sich mir in seiner ganzen Pracht zugewandt.

Ich hatte sein hinterlistiges Vorhaben erkannt und vehement Paroli geboten.

In den Augen von JOLLI, eine Todsünde.

Dicker runder Kopf, aufgeblasen wie ein Luftballon.

Hellgraue, mit dunkelgrauen, großen Flecken übersähte Gesichtsfarbe.

Es schäumte vor Zorn.

Zeigte die riesigen, schwarzen, spitzen Zähne in all ihrer Pracht.

Vermutlich, rettete mir meine Regungslosigkeit das Leben.

JOLLI registrierte, dass es sich hatte hinreißen lassen, mir als Mensch, sein wahres Gesicht zu zeigen.

Es zog sich langsam zurück, den Blick auf meine Gesicht gerichtet.

Nun wussten wir beide: so sieht JOLLIS wahres Gesicht aus.

JOLLIS Lebenselixier

Für uns gehören Kartoffeln, unter anderem zu den Hauptnahrungsmitteln.
Für JOLLI gibt es nur ein einziges Hauptnahrungsmittel: die Angst.
Die Angst, durchzogen von: Wut, Neid, Hass, Angeberei etc.
Das ist Teufelchens Lebenselixier.
Jeder von uns kennt dieses überwältigende Gefühl. Die Hilflosigkeit, die damit einhergeht.
Etwas Besseres kann JOLLI nicht passieren, als das wir hilflos sind.
Das spürt dass süße Teufelchen sofort und weiß, jetzt kommt Fleisch auf den Tisch.
Mein Sonntags Braten!
Dabei ist es JOLLI völlig gleichgültig, welche Sorte Fleisch und ob es gehackt, gewürfelt oder im Stück auf den Tisch kommt. Hauptsache Sonntags Braten.
Mit unserer Hilfe schafft JOLLI es, jeden Tag, von morgens bis abends, vor Sonntags Braten zu sitzen.

Seine Gesundheit ist ihm egal.
Cholesterin Werte kennt es nicht.
Die Angst steht für das Fleisch.
Alles Andere, wie Neid, Hass,
Übertrumpfen, Wut, Selbstmitleid,
Wehklagen, Räsonieren,
Zorn, Mordlust, Gier, Scheinheiligkeit,
Launenhaftigkeit, Geifer, Rachsucht,
falsches Mitleid, falsche Freude, Unkerei,
Betrug, Eitelkeit, AngebereiSchönfärberei,
Angiften,Rechthaberei, Hektik, Stress,
Streit, Hinterlist etc. ist das Fett im Fleisch.
Das kann JOLLI nur recht sein.
Je schwächer und kränker wir sind, desto
stärker ist JOLLI.
Und von seiner Sicht aus gesehen völlig
richtig.
Denn Einer muss das Boot ja steuern,
sonst läuft der Kahn auf Grund.
Also her mit dem fettigen Fleisch.

Hast du gesehen, Pinkes haben schon
wieder ein neues Auto.
Dabei war das Alte erst man gerade 2
Jahre alt.

Woher die das viele Geld haben, sie hockt
ja den ganzen Tag zu Hause.
Muss nicht schuften gehen wie unsereins.
JOLLI glüht vor Neid. Ein Festessen!
Es saugt gierig die Energie ein. Bläht sich
auf, stöhnt vor Wohlbehagen.
Ups, zu viel Luft geschluckt. Das tat gut.
Nun gibt' s eine kleine Pause.
JOLLI ist vorerst satt und hält ein
Nickerchen.
Glück für seinen Wirt. Seine strapazierten
Nerven brauchen dringend Erholung.
Leider ist die Phase nur kurz. Schon geht
es weiter.
JOLLI ist gut gelaunt und energiegeladen.

Hallo Nachbarin, wohin geht es dieses
Jahr in Urlaub?, grinst JOLLI über den
Zaun.
Fröhlich lacht es zurück: heuer fliegen wir
nach Florida!
Und das ist alles was JOLLI hört, alles
andere geht in seinem Gefühlswirrwarr
unter.
JOLLI hasst diese Weltenbummler und
den Rest der Welt sowieso.

Wie können diese Leute, es sich leisten,
fast jedes Jahr einen so teuren Urlaub zu
genießen ?
Neid und Hass machen es blind für alles,
was als Erklärung dienen könnte.
Florida, Florida, Florida...dröhnt es immer
lauter in JOLLIS Kopf.
Als dann auch noch die Familie lauter
wird, rastet JOLLI völlig aus.
Ihr seid schuld daran!
Die Verblüffung auf den
Familiengesichtern ist komplett.
Ihr und eure vielen Hobbys, kostet einen
Haufen Geld.
Sonst könnten wir den Urlaub auf den
Malediven verbringen, statt in der
Lüneburger Heide
Staub zu schlucken.
Die Familie versteht nur Bahnhof, war
eigentlich zufrieden mit der bisherigen
Lösung.
Schließlich sind die Hobbys exklusiv und
bringen das ganze Jahr über Freude in
das Alltags Einerlei.
Freude ade.

Hass auf jeden, dem es besser geht als ihm selbst. JOLLI spuckt Gift wie eine Schlange.

Einer der weit gereist ist, hat was zu erzählen. Der stellt was dar.
Da kann man so schön Seemannsgarn spinnen.
Prüft sowieso keiner nach. Geht ja gar nicht.
JOLLI steigert sich in einen völlig haltlosen Zustand hinein.
Verliert sich in seinen Spinnereien, weiß nicht einmal mehr genau wie alles begann.
Mein Gott, was bin ich doch schwer geprüft.
Maloche das ganze Jahr und kann trotzdem keine großen Sprünge machen.
Innerlich schluchz. Undankbare Familie!
Als ob die was dafür könnte.
Muß in meinem Riesenhaus sitzen, wenn andere Weltreisen unternehmen.
Aha JOLLI wohnt also in einem großen Haus.

Was ist Tennisspielen schon gegen eine Weltreise?

So geht es munter weiter, bis JOLLI alle seine Gefühle abreagiert hat.
Zum Glück für seinen Wirt, der an diesem Tag sonst sicherlich noch Sodbrennen gekriegt hätte.
Lausejunge JOLLI ist zufrieden. Manöver gelungen. Energie getankt, bis nächsten Morgen.
Da stellt JOLLI ärgerlich fest, der Nacken ist steif, wohl falsch gelegen.

Sautag! Schimpft es leise vor sich hin.
Pass doch auf, wird der Sohn angeranzt, obwohl er sich nur ein Brötchen aus dem Korb nehmen wollte.
Und es geht los.
Bis das Frühstück vorbei ist, hat die gesamte Familie eine Scheißlaune.
Der Tag ist für alle gelaufen.
Warum soll es denen besser gehen als mir, freut JOLLI sich und geht mit großen Schritten zum Auto.

Lustig wird gepfiffen, der Schmerz im Nacken ist nur noch halb so schlimm.

Immerhin heult die Tochter, schnieft der Sohn und zetert das weibliche Gegenstück.

Gut gemacht JOLLI. Die Saat ist aufgegangen.

Alle sind gestresst, durcheinander, verwirrt, verstehen nicht was da gelaufen ist.

Denn wohl weißlich hat JOLLI immer noch nichts von seinem Nacken erzählt.

Welch ein Drama. JOLLIS sind absolute Spitzenklasse im Dramen basteln.

Da kann man nur den Hut ziehen, denn sie brauchen keine Proben dazu.

So was schüttelt JOLLI aus dem Ärmel. Jederzeit, ohne zu überlegen.

Ein Gedankenblitz und schon bricht das Unwetter los.

In der Natur zieht das Unwetter vorbei, wenn es sich entladen hat.

Nicht so bei JOLLI.

Es kann vorbeiziehen, es kann aber auch Tage, Wochen oder gar Jahre anhalten.

Ganz wie es beliebt. JOLLIS sind da sehr flexibel.

Man denke da nur an Zwistigkeiten, die Menschen mitunter für Jahre auseinander gebracht haben.

In solcher Situation sitzt ein JOLLI für Jahre auf dem frischen Kuhfladen.

Es hat immer einen warmen Allerwertesten und genug Energie, um neue Dramen daraus zu basteln.

Das gefällt ihm besonders gut, also sorgt es dafür, dass keine Versöhnung stattfinden kann.

Denn dann müsste es ständig neue Dramen erfinden und das kann auch mal für ein JOLLI sehr anstrengend werden

Legt die Angst ab. Sie ist niemandem dienlich.

Es gibt für alles eine angst-freie Lösung.

Wie JOLLI denkt

Ich bin JOLLI!
Ich bin mächtig! (Wichtigtuer)
Ich habe Millionen Geschwister
(Angeber).
Wir sind ein mächtiger Clan. (Jetzt wird
es größenwahnsinnig)
Ich habe euch alle Erfahrungen beschert,
die ihr mit Schlechtem machen wolltet.
(stimmt)
Ihr habt allen Grund mir dankbar zu sein!
(stimmt auch wieder)
Ich habe euch die Möglichkeiten
geschaffen, um alles Negative kennen zu
lernen.
(Zeit für uns, die andere Seite zu
erfahren)
Nur durch mich, konntet ihr die gesamte
Palette negativer Gefühle kennen lernen.
(Allerdings)
Ich bin es auch, welches euch auch heute
noch all das Schlechte beschert, das ihr
erfahren wollt. (Pünktlich auf die Minute)

Hoffentlich, bringe ich dieses Mal keinen
Zahlendreher in die Rechnung, zittert der
Mathe-Prüfling.
Eine Stunde später strömen Bäche von
Tränen über das Gesicht.
Es ist schon wieder passiert. Schon
wieder die 6 mit der 9 verwechselt.
JOLLI hat pünktlich geliefert. Sich an der
Angst vor Versagen gütlich getan.
Und nimmt jetzt ein warmes Bad, im
lauwarmen Tränen Strom.

Ist das Leben nicht herrlich? Für JOLLI
schon! JOLLI hat recht.
Wer sorgt dafür, dass wir uns ärgern,
wenn wir im Stau sitzen? JOLLI!
Wir könnten genau so gut, ein Liedchen
trällern oder die Blätter der Bäume am
Straßen Rand zählen.
Wer sorgt dafür, dass wir ein schlechtes
Gewissen haben, weil noch kein
Geburtstagsgeschenk für die Liebste da
ist? JOLLI!
Dabei ist noch genügend Zeit um einen
Blumenstrauß zu besorgen.

Anstatt eines Geschenkes, könnte man am nächsten Abend, mit der Liebsten groß essen gehen.
Wer sorgt dafür, dass wir in Tränen ausbrechen, wenn die Frisur nicht so sitzt wie wir es wollen?
JOLLI!
Vielleicht wäre das der Moment, mal eine neue Frisur auszuprobieren?
Du würdest das tun. Für JOLLI kommt das nicht mal in Frage.
JOLLI denkt nur absolut. Schwarz! Eine andere Farbe kennt es nicht.
JOLLI denkt immer es müsste jede Situation steuern und wenn wir es zulassen, dann tut es das auch.

Zum Beispiel
wenn wir weinen, statt zu lachen,
wenn wir traurig sind, statt zu singen,
wenn wir Angst haben statt zu sagen: o. k.
Ich werde Hilfe finden,
wenn wir mit den Zähnen knirschen und
mit dem Kopf durch die Wand gehen,
statt eine Alternative zu suchen,

wenn wir vor Wut platzen, statt zu denken:
es ist verbockt, Aufregung lohnt sich nicht.
Schlafen wir drüber, morgen findet sich
die passende Lösung.
Wenn wir Spitzen verteilen, statt die
Wahrheit zu sagen
JOLLI denkt bei jeder Gelegenheit es wird
gebraucht.
Lassen wir es zu, gibt es 100% seinen
Senf dazu.
Meistens schmeckt die Sorte nicht, nur
ehe wir es bemerken, haben wir den
riesigen Bissen schon geschluckt.
Dabei gibt es immer eine Alternative.

Nun kommen die ausgerechnet zur
Familienfeier zu spät.
Wir wollten doch alle gemeinsam an der
festlichen Tafel sitzen.
Jetzt bleiben 4 Stühle leer, so ein Mist.
Verschandelt das ganze Bild. Aber mit
denen ist es immer das Gleiche.
Überall zu spät kommen, überall etwas
vergessen wenn sie wieder abhauen.

Und dann diese Tischmanieren, grässlich.
Als ob sie von den Hottentotten
abstammen.
Dass sie aber auch gerade zu unserer
Familie gehören müssen. Grrr..Zähne
fletsch…

Auf diese Weise schaukelt ein JOLLI sich
in sprühenden Zorn hinein.
Du kannst anders. Du zuckst die
Schultern, setzt dich mit den anderen zu
Tisch.
Könntest den aufkeimenden Geifer vom
Tisch fegen indem du sagst: die Armen,
es muss für sie sehr unangenehm sein,
sich zu verfahren.
Wenn sie da sind, setze ich mich mit
ihnen zu Tisch.
Ihr könnt es euch inzwischen gemütlich
machen.
Hauptsache, wir sind alle zusammen,
wenn nachher die Familienfotos gemacht
werden.
Und schon ist das Thema erledigt.
Das Essen schmeckt, alle sind abgelenkt.
Der Tag ist gerettet.

Verständnis und Zuneigung für andere!
Dem hat ein JOLLI nichts entgegen zu
setzen.
Denkst du rot, denkt JOLLI schwarz.
Denkst du gut, denkt JOLLI schlecht.

Denkst du süß, denkt JOLLI sauer.
Denkst du langsam, denkt JOLLI schnell.
Absoluter Gegensatz, das macht Spaß,
aber nur einem JOLLI.
So denkt ein JOLLI, immer absolut, immer
im Gegensatz zu seinem Wirt.

Wie man mit JOLLI nicht umgehen sollte

Im Prinzip ist der Umgang mit JOLLI sehr einfach.

Man denke nur an ein Kind.

Jeder weiß, auch die Kinder, dass man bei ihrer Erziehung mit Restriktionen nicht weiterkommt.

So ist es auch bei JOLLI. Es hat uns ewige Zeiten gute Dienste geleistet.

Weshalb also sollte man es jetzt in die Wüste schicken?

Dank, Verständnis, Geduld sind angesagt.

Der erhobene Zeigefinger ist out.

Von wegen: ich habe dir gesagt, wenn du nicht stillhältst, gibt' s Hausarrest.

JOLLI lacht sich eins. Aus vollem Halse.

Denn es ist immer bei uns. Klappt also nicht.

Halt die Klappe!!

Schwer zu machen, denn unser Verstand rödelt trotzdem weiter.

Ignorieren, so wie: lass das Gör plärren,
hört schon wieder auf.
Funktioniert auch nicht. JOLLIS
Aufenthaltsort ist unser Verstand.
Na Mahlzeit, wenn es da stundenlang
plärrt, wie eine alte Musik Box.

Oder
Hör endlich auf, du nervst. JOLLI kann
und redet trotzdem weiter.
Armer Kopf, armer Mensch. JOLLI ist sehr
wehrhaft.
Misch dich nicht ein, das geht dich nichts
an.
JOLLI ist gekränkt und nur der liebe Gott
und JOLLI wissen, was dann als Rache
kommt.

Oder
Ich habe dir gesagt, ab jetzt wird unser
Leben anders.
Entweder du ziehst mit oder du bleibst wo
der Pfeffer wächst.
In deiner Haut möchte ich danach nicht
stecken.

JOLLIS Phantasie übertrifft alles, was wir so als Phantasie kennen und nennen.
Das Locken mit irgendwelchen Versprechungen, auch da ist Vorsicht geboten.
Nur versprechen was man auch halten kann.
Nicht einfach, wenn es um jemanden geht, von dem die Meisten nicht wissen, dass er da ist.
Bestechung.

Hoffentlich hast du ausreichend Pflaster zu Hause, denn meistens schneidet man sich in den eigenen Finger.
Gespielte Freundlichkeit.

Ach wie nett, dass du dich meldest, ich antworte dir später, und dabei denken: Affe, muss sich doch dauernd melden.
Halleluja!
Der Affe sitzt in deinem Verstand.
Der Affe kann alle deine Gedanken lesen, während er sich mit dir unterhält.
Ich wüsste nicht, wie ich ihm, dieses Fettnäpfchen erklären sollte.

JOLLI ist immer bestens informiert.
Über die Vergangenheit sowieso, und
deine Zukunftspläne kennt es auch.
Drohen, schimpfen, strafen, ignorieren,
unechte Gefühle, Hinterlist,
alles Taktiken, die JOLLI selbst in
Perfektion beherrscht.
Es ist seine Welt, seine Technik. Damit
hat es ewige Zeiten Top- Arbeit geleistet.
JOLLI ist ein Super-Manager Typ.
Immer bestens informiert. Absolut jeder
Situation angepasst.
Ist der beste Schauspieler den es je
gegeben hat.
Beherrscht die gesamte, negative
Gefühlspalette perfekt.
Die Taktiken dazu sind seine Erfindung.
Also sind diese Arten nicht geeignet um
mit JOLLI gut aus zu kommen.
Denn da gibt es nur Eines, man tut und
sagt was JOLLI will.
Nur auf die Art, ändert sich natürlich nichts
zum Besseren.
Trotzdem gibt es gute Möglichkeiten.

Wenn du willst, kannst du dir JOLLI als Person vorstellen, die genau so aussieht wie du.

Quasi wie ein unsichtbarer Schatten von dir, der dich immer begleitet.

Am Anfang, wenn du beginnst mit JOLLI zu arbeiten, ist es möglich,
dass es genau so groß ist wie du.

JOLLI liebt es ernst genommen zu werden.

Gibst du ihm deine Figur, fühlt es sich geschmeichelt.

Du zeigst ihm damit, dass du es genauso ernst nimmst wie dich selbst.

Ein guter Anfang.

Nun möchtest du ihm vielleicht noch einen eigenen Namen geben?

JOLLI freut sich und hilft gern beim Aussuchen.

Seine Phantasie kann genutzt werden, um den passenden Namen zu finden.

Nun hast du eine Persönlichkeit immer bei dir. Sie hat einen eigenen Namen.

Du hast nun die Möglichkeit mit Gesprächen zu beginnen.

Gespräche bedeuten, man lernt sich langsam kennen.
JOLLI liebt es zu reden, und ist hingerissen wenn man ihm zuhört.

Klasse! Nun steht dem Fortschritt nichts mehr im Wege.
Rede mit deinem JOLLI so oft du Zeit hast und noch öfter.
Freundlich, verständnisvoll und geduldig.
Auch für JOLLI ist die Situation absolut neu, ungewohnt.
Bedanke dich bei ihm, für das was es bis dato für dich geleistet hat.
Es hat deinen Dank wirklich verdient.
Zeige Verständnis, egal wie JOLLI sich aufführt.
Denn nun ist JOLLI dasjenige, welches oft ANGST hat.
Habe Geduld. Es ist ein Lernprozess. Ihr müsst beide lernen.
Trotzdem ist es nie langweilig.
Du wirst möglicherweise überrascht sein, wie toll man sich mit JOLLI unterhalten kann.

Bleibe ehrlich. JOLLI erkennt jede Lüge sofort.

Immerhin ist es Meister darin.

Sei dir nicht zu schade um seine Hilfe zu bitten.

JOLLI weiß immer wann du seine Hilfe brauchst.

Damit meine ich, du brauchst seine Hilfe zum Reden.

Nur so könnt ihr beide euch wirklich kennen lernen.

Bedanke dich auch für seine Mitarbeit.

Das tut ihm gut und automatisch fühlst auch du dich wohler.

Freundlichkeit ist der Schlüssel, um brisante Situationen zu entschärfen.

Und ansonsten reden, lieben, reden, lieben.

Unter vier Augen und vier Ohren

So verschieden wie wir sind, sind auch die JOLLIS.
Jeder von uns hat einen bestimmten Entwicklungsstand.
Da man sich als Mensch im Laufe seines Lebens verändert.
Genau so ist es auch mit den JOLLIS.
Da gibt es JOLLIS, die noch 100% präsent sind, vielleicht, weil es für den Wirt bequemer ist, sich führen zu lassen.
Und das ist auch in Ordnung so. Denn ein JOLLI kann sehr gut führen.
Nur lebt der Wirt dann JOLLIS Leben.
Dann gibt es sicher auch schon JOLLIS, die ab und zu mal ein Gespräch mit ihrem Wirt hatten, die kleinen Engelchen.
Nur haben sich die Beiden nicht gut genug kennen gelernt, um zu begreifen.
Zu begreifen, dass sie zusammen arbeiten sollten, wenn sie ihr Leben wirklich zum Besseren ändern wollen.

So ein Gespräch kann anfangen wie unter zwei Kumpels.

Hi JOLLI, ich bin deine Wirtin (Vorname), wie geht es dir heute?

JOLLI: schlecht, ich langweile mich.

Hm, was würdest du denn gerne tun?

JOLLI: etwas fetziges, mit viel Power.

Wasserski laufen?

JOLLI: na ja, Motorrad wäre mir lieber.

Nun dann schnapp dir die schönste Maschine, und düs los.

Genau so wie du dir JOLLI vorstellst, kannst du dir auch ein Motorrad vorstellen.

Ich wette mit dir, dass du eine ganze Weile Ruhe hast.

Oder

Hallo JOLLI, ich wünsche mir, dass wir beide uns kennen lernen.

JOLLI: na klar, was hast du auf Lager?

Nun ich habe beschlossen, dass wir beide in Zukunft ein schöneres Leben haben sollen.

JOLLI: was soll das heißen?

Das heißt, dass wir uns ab jetzt den schönen Dingen des Lebens zuwenden werden.

JOLLI: aha(misstrauisch geworden), Klartext, wenn ich bitten darf!

Nun ist es Zeit JOLLI von deiner Vision, sprich deinen Träumen zu erzählen.
Sicher wird es danach erst mal sprachlos sein.
Aber nur für Sekunden.
JOLLIS Reaktion, hängt von seinem derzeitigen Entwicklungsstand ab.

Manch ein JOLLI wird schimpfen und toben, saumäßig fluchen.
Ein anderes wird begeistert sein, weil es neue Chancen sieht für neue Dramen.
Am Anfang wird kaum ein JOLLI Verständnis haben, weil es so eine Situation nicht kennt.
Aber rede trotzdem mit ihm, so oft du nur kannst.
Dabei ist es sehr wichtig, dass du ihm immer wieder versicherst, dass du es mitnimmst, und nicht abmurcksen willst.

Für JOLLI ist auch sehr wichtig laufend bestätigt zu bekommen, dass es von dir geliebt und beschützt wird.
Denn JOLLIS, die Veränderungen bemerken, die ihnen völlig unbekannt sind, bekommen Angst.
Schlichte, ordinäre Angst, genau die, die wir früher immer ausprobiert haben.
Und das ist ja nun ein völlig neuer Zustand für ein JOLLI.
Also rede mit ihm und du wirst aus dem Staunen nicht mehr herausfinden.
Geduld ist in diesem Falle wirklich eine echte Tugend, denn JOLLI kann auch sehr störrisch und uneinsichtig sein.
Trotzdem, mit viel Liebe, Geduld und Verständnis, kann ein JOLLI, ein super Partner werden.

Und dieses Mal ein echter Partner. Du fühlst dich irgendwie komisch.
Du: JOLLI, geht es dir nicht gut?
JOLLI: nein ich hab' fürchterlich Angst!
Du: Armer Engel, komm, lass dich trösten.
JOLLI: oh, das tut gut.
Du: Weshalb hast du Angst?

JOLLI: ich hab Angst vor den anderen JOLLIS, das sie mich angreifen, wenn sie mitbekommen was hier läuft.

Auch jetzt ist wieder Trost und Liebe angesagt.

Denn die anderen JOLLIS bekommen es tatsächlich mit, wenn es bei dir Veränderungen gibt.

Und da es ja um positive Veränderungen geht, sind sie höchst alarmiert, weil das absolut nicht in ihr Konzept passt.

Verständnis, Liebe und Geduld! Immer und immer wieder.

Ewige Zeiten hatten die JOLLIS den Direktoren Posten inne.

Niemand hat den Posten streitig gemacht.

Plötzlich und auf einmal, fällt den Wirten ein, dass sie ja auch noch da sind.

Halleluja!

Von einer Sekunde zur anderen, wird ein JOLLI seines Postens enthoben, mit der Erklärung: Eigenbedarf.

Na wenn das kein Hammer ist!

Also wieder Liebe, Verständnis und
Geduld.
Und reden, reden, reden.
Nur so kannst du erfahren, was dein
JOLLI denkt.
Und du wirst immer wieder staunen welch
scharfen Beobachter, guten JOLLI-
Kenner,
und fleißigen Partner du da hast.
Du: danke für deine Hilfe JOLLI, das war
eine gute Idee von dir.
JOLLI: schön, dass du dich bei mir
bedankst, das freut mich sehr.
Auch das ist wichtig. Loben wenn die
Zusammenarbeit gut klappt.
Echte Partner tun so etwas.
Entwickele deine eigene Art von
Gesprächen mit JOLLI.
Es ist ein sehr guter Zuhörer. Und
geduldig dazu.

Die Liebe, JOLLI und du

Hast du im Rückblick auf die anderen
Kapitel, schon eine Ahnung,
worauf alles hinausläuft?
Ja? Prima! Dann kann ich das Buch jetzt
beenden.

War nicht einfach, das Buch zu schreiben.
Auch mein JOLLI ist noch da. Fühlte sich
manchmal etwas überrumpelt.
Piekste mich ärgerlich, bei jedem Wort,
das ihm nicht gefiel.
So sind die JOLLIS.
Immer äußerst aufmerksam und liebevoll,
ihren Wirten gegenüber.
A` pro po – liebevoll.
Liebe... ist der einzige Weg, gut mit JOLLI
aus zukommen.
Das Gefühl der Liebe, macht JOLLI
unsicher, kraftlos.
Das ist bei allen JOLLIS so.
Daher sorgen sie ja mit aller Kraft dafür,
dass bloß kein Fünkchen Liebe bei uns
aufkommt.

Damit meine ich die echte Liebe. Die, die vom Herzen kommt.
Ihr wisst schon, die die man auch nur mit dem Herzen spüren kann.
Die dort versteckt gehalten wird. Für bessere Zeiten.
Die süßen Teufelchen. Ganz schön egoistisch, denkt jetzt so mancher Wirt.
Weit gefehlt. Ganz weit.

Die meisten JOLLIS dieser Welt, erinnern sich nicht an echte Liebe.
Es war ihre Aufgabe, uns die Angst, mit allen dazugehörigen Gefühlen zu zeigen.
Haben sie perfekt gemacht. Danke!
Wer von uns kennt schon jemanden, der sich intensiv, mit seinem JOLLI beschäftigt?
War bisher auch nicht erwünscht.
Denn meistens ist es ja so, wenn man jemanden näher kennen lernt, stellt sich oft heraus,
dass die Person recht liebenswert ist.
So was, war bisher absolut nicht gefragt.
Aber was erzähle ich hier von JOLLI.
Du bist jetzt gefordert!!

Hast du dich schon mal gefragt: liebe ich mich selbst wirklich?

Mit all meinen Macken und Stärken, und dem kleinen Zeh, der viel zu kurz geraten ist?

Das gehört nämlich zur echten Liebe mit dazu.

Dass du deinen, viel zu kurz geratenen, kleinen Zeh, genau so liebst, wie deine großen, blauen Augen, um die du so oft beneidet wirst.

Wie ist es mit deinen Knien?

Liebst du sie, auch wenn sie nicht der momentanen Mode entsprechen?

Immerhin, sind sie ein wichtiger Körperteil von dir.

Liebst du es, wenn dein Kopf rot anläuft, weil dich jemand in Verlegenheit gebracht hat?

Nein, liebst du deinen roten Kopf nicht?

Hm, die echte Liebe ist ein Ganzes, schließt alles mit ein.

Ganz oder gar nicht.

Schließlich kannst du den Kopf nicht abschrauben, den Rest lieben und wenn

du damit fertig bist, den Kopf wieder anschrauben.
Liebe auch deine Schwächen.
Auch sie machen deine spezielle Persönlichkeit aus.

Was ich damit sagen will: du musst als erstes dich selbst lieben können.
Ganz genau so wie du aussiehst, dich verhältst, redest und dich kleidest.
Mit deinen Vorlieben und Abneigungen.
Dieses alles macht dich zu dem, der du eigentlich bist.
Du bist absolut exklusiv. Dich gibt es nur einmal. Absolut liebenswert. So wie du bist.
Sieh in den Spiegel. Freue dich, dass es dich gibt.
Ein aus tiefstem Herzen liebenswerter Mensch. Punkt!

Regel:
Liebe dich selbst von ganzem Herzen, ohne eine einzige Einschränkung.

Für die Meisten von uns, ist das sicherlich nicht einfach.

Da gibt es eine Menge Regeln, aus allen
möglichen Bereichen, werden viele
denken.
Es ist einfach!
Du kannst beschließen: ab heute liebe ich
mich selbst, genau so wie ich bin. Basta!
Tue es einfach!
Es gibt kein Gesetz, das es verbietet.
Probiere es aus.
Indem du das beschließt, setzt du
automatisch alles, woran du ewig herum
genörgelt hast, außer Kraft.
Es entwickelt sich Selbstsicherheit,
Leichtigkeit, Wohlgefühl.
Du hast keine negativen Punkte mehr an
deiner Person.
Irre nicht wahr? Ist das nicht ein herrliches
Lebensgefühl?

Ab jetzt heißt es: ich bin- der/die- ICH BIN!
Genau so viel und keinen Millimeter
weniger.
Herrlich, eine aufgewachte Persönlichkeit,
die in der Lage ist, sich selbst,
ohne Einschränkungen zu Lieben.

Nun ist es leicht auch dein JOLLI zu lieben.
Die echte Liebe verleiht auch Stärke und Großzügigkeit.

Was ist da leichter, als dieses entzückende Teufelchen zu lieben?
Damit wird das eigene Leben schon mal einfacher.
Viel weniger Stress und Aufregung.
Aber oft herzhaft lachen, sich freuen und genießen. Du als Wirt weißt wie es geht.
Ein JOLLI muss es noch lernen.
Deine Liebe wird es für euch beide leicht machen.
Denn es ist die echte Liebe, die aus deinem Herzen kommt.
Nur sie kann das alles bewirken. Und das tut gut.
Natürlich läuft alles parallel.
Du hast angefangen dich mit JOLLI zu beschäftigen.
Gleichzeitig begonnen dich selbst zu lieben.
Automatisch verändern sich auch die Gefühle JOLLI gegenüber.

Und noch ein Bonbon.

Wenn JOLLI am Anfang, genau so groß
war wie du, so sieht es jetzt anders aus.

Es hat deine Bemühungen erkannt.

Deine persönlichen Veränderungen.

Da kann auch JOLLI nicht anders.

Es verändert sich automatisch, es wird
kleiner. Viel kleiner.

Hat sein Aussehen radikal verändert. Du
weißt ja, es ist ein Verwandlungskünstler.

Nun ist es, vielleicht nur noch so groß wie
ein Püppchen, das kleine Engelchen.

Es hat eine rosige Gesichtsfarbe.

Lacht gerne, hat den Schalk im Nacken,
dort wo früher die Hinterlist saß.

Es nutzt seine Fähigkeiten um dir zu
helfen.

Nicht wie früher, um dich leiden zu lassen.

Und JOLLI ist der perfekte Helfer.

Es geht sogar so weit, dich aufmerksam
zu machen, wenn ein anderes JOLLI dir
ans Leder will.

Ist das nicht großartig? Gigantisch!

Nun lebst du mit JOLLI in Symbiose
(einer hilft dem anderen).

Du bist nicht mehr nur sein Wirt. Du hast jetzt die Zügel deines Lebens in der Hand. JOLLI ist es zufrieden, fühlt sich geborgen und sicher.

Ihr beide seid ein starkes Team. Das ist es was die echte Liebe kann.

Alle und jedes in ein glückliches Leben führen.

Schlusswort

Es wird dir helfen, wenn du spielerisch mit diesem Thema umgehst.
Vielleicht erst mal lesen. Dann mal kurz das Thema andenken, gucken was für ein Gefühl dabei hochkommt.
Vielleicht ein paar Tage Pause?
Dann nochmal ins Büchlein schauen, wie war das nochmal?
Am Anfang magst du vielleicht auch nur mit dem Namen JOLLI spielen?
Ist auch in Ordnung.
Experimentiere so lange, bis du die für dich passende Reihenfolge gefunden hast.
Für JOLLI ist es egal womit du anfängst, denn für JOLLI ist die gesamte Prozedur neu.
Locker und leicht das Thema angehen.
Es ist wie eine Abenteuer-Reise, auf der es jede Menge Überraschungen gibt.
Letztendlich reizen sie einen alle zum herzlichen Lachen.
Auf eine lustige Zeit.

Das Karussel des Lebens

Setze dich rein und genieße die Fahrt.
Doch wer bestimmt die Flughöhe? Du!!
In jeder Höhenlage gibt es etwas anderes
zu sehen.
Du fliegst vorbei an Sehenswürdigkeiten
und ...Unbekanntem.
Du bist schwer beschäftigt, denn du
möchtest nichts verpassen.

Die Fahrt geht immer im Kreis.
Du fühlst Erleichterung, denn was du jetzt
übersiehst, fliegt in der nächsten Runde
wieder an dir vorbei.
Auch ist es möglich die Flughöhe zu
wechseln.
Wenn es dir oben zu windig ist, kannst du
tiefer gehen.
Es kommt der Moment, da hast du dich an
Höhe gewöhnt.
Dann gibt es für dich nur noch
...Aufwärtsschwingen!

Es ist wie in einer Spirale, die kann nach
oben unendlich sein.

Mensch sagst du dir, das sind gigantische Aussichten.
Ein Endlosspiel welches ich allein bestimme!
Nach oben ist es angenehmer, übersichtlicher.
Auf dem Boden war es überfüllt. Die Übersicht fehlte.
Es wurde gedrängelt, denn jeder wollte den besten Platz.

Gönn dir den Weitblick, das angenehme Miteinander und das Gefühl der Zufriedenheit.
Jetzt begreifst du die Welt und schärfst deinen Blick für die schönen Dinge des Lebens.

Ob es dieses Karussell wirklich gibt?
Du sitzt mittendrin!
Finde den Schalter der den Höhenflug einleitet.

Menschsein

Du bist ein Mensch mit vielen Facetten.
Bewegst dich durch das Labyrinth deiner
Gefühle.
Gönn dir ab und zu eine Auszeit.
Komm zur Ruhe, denk über dein Leben
nach.
Du findest die Antworten in deinem
Inneren.
Vertraue der Antwort und deinen
Fähigkeiten.
Beherzige sie und setzte sie um.
Du wirst über die Ergebnisse staunen.
Und noch mehr über die Anforderungen,
die du selbst anschließend an dein Leben
stellst.

Eine fantastische Möglichkeit, jetzt und
hier dein Leben zu planen.
Dinge zu realisieren die genau deinen
Vorstellungen entsprechen.
Zweifle nicht, gehe unbeirrt deinen Weg.
Stelle dir das Glück vor, nach dem du
suchst.

Du findest es, verlass dich drauf.
Vertraue deiner Intuition.
Sie ist wie ein ganzer Haufen von Helfern
an deiner Seite, dich führend.
Glaube nur das es so ist und nicht anders.
Erkenne dich als Gesamtheit.
Herz und Verstand gehen Hand in Hand.
Das Herz umschließt den Verstand
liebevoll und genießt es zu sein.

Das war´s.

Auf ein baldiges Wiedersehen!

Persönliche Notizen

Persönliche Notizen

Persönliche Notizen